Mga Pundasyon sa Pagtuo

EDISYON SA MGA BATA
ANG LAKAW

Isaiah 58 Mobile Training Institute

———————

ALL NATIONS INTERNATIONAL

Foundations of Faith Children's Coloring Book

Copyright © 2020 by All Nations International

All rights reserved. No part of this book may be reproduced or transmitted in any form or by any means without written permission from the author.

ISBN 978-1-950123-82-7

Ang Pulong Sa Dios (Cebuano New Testament)

Copyright © 1988, 2001, 2010 by Biblica, Inc.®

Used by Permission.

Isaiah 58 Mobile Training Institute is available for use in training programs. For more information or to order additional copies of this manual:

email: is58mti@gmail.com

contact us: www.all-nations.org

online course: is58mti.org

DEDICATION

To those who wanted to know... but never had a teacher.

To those who looked for the vision... so that they could run with it.

To those who want to know "What's Next?"

To those who knew they were teachers... but did not know what to teach.

To those who are looking for Christ in Us the Hope of Glory!

May this manual reveal to you Jesus Christ and

May the peace that He has ordained for you be with you always.

KINSA ANG GINOO?

Nagtuo ta nga ang Ginoo gihimo parihas nato. Dili baya.

Kita ang gihimo parihas sa iya

Ang Ginoo. Bisan sa adtong wala pa ta mahimo. Wala siya'y sinugdanan ug walay katapusan. Gihimo sa Ginoo ang tanan; langit ug kalibutan ug tanang naay kinabuhi. Ang Ginoo usab ang naghimo sa Tawo.

ANG GINOO NGA TAGAHIMO

Sa sinugdanan, Gihimo niya ang langit ug kalibutan sa sulod lang sa pito ka adlaw:

Unang adlaw: Iyang gibuhat ang Kahayag ug iyang gibulag ang Kahayag sa Kangitngit.

Ikaduhang adlaw: Iyang gibuhat ang Kalangitan.

Ikatulong adlaw: Iyang gibuhat ang Kalibutan, Dagat ug mga Tanum.

Ika-upat nga adlaw : Iyang gibuhat ang Adlaw, Bulan ug mga Bituon.

Ika-lima nga adlaw: Iyang gibuhat ang mga Langgam ug mga Mananap sa Dagat.

Ika-unom nga adlaw: Iyang gibuhat ang mga Mananap sa Yuta ug mga Tawo.

Ika pitong adlaw: Nagpahulay siya.

Sa paghimo sa Ginoo saTawo, gihimo ta niya gikan sa abog sa kalibutan. Pagkaporma sa lawas, iya ning gihuyopan og hangin ug nabutangan kini ug kinabuhi. Mao ni ang hinungdan nganong espesyal ang Tawo sa Ginoo.

Salmo 145:8, "Ginoo, maloloy-on ka ug manggihunahunaon; mahigugmaon ka ug dili daling masuko."

IKA PITONG ADLAW: NAGPAHULAY SIYA.

Gusto sa Ginoo ang pinakamaayo para nimo. Ang Bibliya mao ang mga pulong sa Ginoo nga gisulat para masabtan nato ang Iyang mga pamaagi ug Iyang mga sugo.

Ang Ginoo maloloy-on, mabination, dili daling masuko, puno sa paghigugma og kamatuoran. Paghuman Niya'g buhat sa kalibutan, nagbuhat siya ug tanaman ug gibutang nya ang Tawo dinhi.

Hunahunaa ni nga lugar: ang pinakanindot nga tanaman o park kung asa walay kasakit, pag-antos o paglisod-lisod. Tanan nimong kinahanlang kaunon mutubo lang ug sayon para nimo. Ang mga mananap magkasinabot. Wala'y mag-away o masuko; wala'y dautang batasan ug wala'y mga sakit nga pulong. Ang Ginoo ug ang Iyang mga Tawo magkatapok ug magstoryahanay sa tanaman inig abot sa bugnaw nga kagabhion.

Ang tanan perpekto.

Mao ni ang gibuhat sa Ginoo sa sinugdanan, alang sa mga tawong Iyang gihigugma.

ASA NAGPUYO ANG GINOO?

Ang Ginoo nagpuyo sa langit ug sa atong mga kasingkasing.

Naa Sya'y kaugalingong gingharian.

Naa siya'y kaugalingong kultura ug iyang kaugalingong pamaagi sa pagpahayag sa iyang kaugalingon. Dili nato siya mapugngan o mabut-an.

SIYA ANG GINOO.

Pagdrawing ug litrato sa Ginoo na naa sa langit:

Pagdrawing ug litrato sa Ginoo diha sa imong kasing kasing:

UNSA MAY KOLOR ANG GINOO?

Hayag ang Ginoo, ang Kahayag mao ang tanang kolor.

Ang Ginoo dili puti, brown, yellow o itom.

Siya ang tanang *kolor.* Gibuhat kitang TANAN pariha Niya.

Importante nga atong mahibal-an kung kinsa ang Ginoo ug gusto niya muuban ug makig storya nato. Gusto niya mailhan Siya sa Iyang mga Tawo.

Salmo 103:7. Gipahayag niya ang iyang pamaagi kay Moises ug gipakita niya sa katawhan sa Israel ang iyang gamhanang mga buhat.

UNSA'Y BUOT IPASABOT KUNG GIBUHAT KA SA IMAHE SA GINOO?

Kung nay muingon, "Parihas ka sa imong Amahan" nag-ingon sila nga gasulti, galakaw, gahunahuna ug ang imong mga lihok pariha sa imong Amahan, o naa kay mga abilidad nga pariha sa iyaha. Sa pagbuhat sa Ginoo nato, gihatagan ta niya ug mga espesyal nga abilidad ug kapasidad nga pariha sa Iyaha.

Naa ta'y espirituhanon nga abilidad sa pag-ila sa Ginoo, sa pakig-storya sa Iyaha ug pagkasayod nga anaa Iyang presensya.

Naa ta'y libre nga pagbuot– Makapili ta.

Kita adunay pagkamamugnaon– makahimo ta.

Kita adunay salabutan– makahunahuna ta, makat-on ug makasabot.

Naa ta'y katungod – makamando ta (pugong, han-ay).

KINSA ANG NAG-INUSARANG KAAWAY SA GINOO?

Naay usa ka kontra ang Ginoo; dautan sya ug gidumtan nya ang Ginoo ug ang Iyang mga tawo. Himoon nya ang tanang paagi gamit ang dautan nyang gahum para mahunong ang mga plano sa Ginoo. Ang ngalan sa kaaway, si Satanas o ang Demonyo.

Miabot siya sa Tanaman sa Eden nga usa ka halas, para mamakak kang Adan ug Eba. Si Adan ug Eba naminaw kang Satanas ug nakasala. Ug wala na dayon sila makastorya ug makabaklay uban sa Ginoo. Ang kalibutan nahimong ngil-ad nga lugar nga puy-an tungod sa sala.

Nag-ingon sa ilaha ang Ginoo kung musuway sila, mao niy mahitabo sa ilaha. Gitawag og "Kamatayon".

Ang mga lalaki natawo nga mas dali makasala… anaa na sa ilang DNA. Ang mga tawo nawad-an sa kusog sa paghimo o pagpili unsay sakto, ug nahimo silang ulipon sa sala. Nabuwag sila sa Ginoo.

Gusto sa Ginoo nga mahimo kang isa sa iyang mga anak. Gihigugma ka niya ug gusto niyang mailhan nimo siya ug iyang mga Binuhatan. Iya kang luwason sa mga bakak sa Demonyo ug pagkagapos sa sala. Gusto niya ibalik sa imoha ang iyang espesyal nga kinaiya nga iyang gihatag kang Adan. Gusto sa Ginoo nga dalhon ka pagbalik sa "imahe sa Ginoo." Ug mahimo na usab kang iyang tawo ug imo siyang Ginoo. Makat-on ka sa pag-ila sa Iyaha, baklay uban Niya, ug makig storya sa Iyaha.

UNSA ANG SALA?

SIN IS:
DOING WHAT YOU WERE NOT CREATED TO DO.

UNSA ANG SALA?

Pangutan-a imong kaugalingon aning mga pangutana:

- Mao ba ni ang giingon sa Ginoo nga sayop?
- Kini bay hinungdan nga masakiton ka o dili lig-on og lawas?
- Sige ka bag ingnon sa imong kaugalingon nga mao ni ang sakto?
- Gibati ba nimo nga ikaw ang sad-an o sayop sa pagsugod palang sa pagbuhat ani
- Gilikayan ba nimo nga magkasala?
- Sala ba ni?

SALA ANG MAKABUWAG SA ATOA SA GINOO.

Gusto sa Ginoo nga mabalik ta sa iyaha, aron makauban, makaistorya nato Sya parihas sa iyang pag uban sa Tanaman sa Eden uban ni Adan ug Eba.

UNSAY ATONG BUHATON SA SALA?

- Palayo sa pagpakasala
- Uyon sa Ginoo.
- Ayaw ug uyon sa Demonyo.
- Paduol sa Ginoo.
- Limpyuhi imong kasingkasing.
- Iplastar ang hunahuna: Ayaw na!
- Pangayo ug pasaylo sa Ginoo.
- Ipasulod ang Ginoo sa imong kinabuhi.

Pagdrawing ug imahe o litrato nga magpakita ug unsaon nimo imong mga sala:

UNSAY HIMOON KUNG MAKASALA?

Kinahanglan makita nimo imong mga sala pariha sa pagtan-aw sa Ginoo Ani.

Kinahanglan magbasol gyud ka.

UNSA ANG PAGBASOL?

Ang Pagbati nga ikaw ang naay sayop dili na mao ang paghinulsol:

Ang pagbasol mao na ang paglantaw sa mga sala nga imong nabuhat… paagi sa Ginoo. Kung magbasol ka, maghinulsol ka, ug dili na nimo utruhon ang pagpakasala.

KINAHANGLAN MAGLIKAY GYUD SA PAGPAKASALA.

UNSAON KUNG MAHUYANG KA UG DALI MAKASALA?

Rason nganong gipadala sa Ginoo ang iyang nag-inusarang anak, si Hesus, aron mamatay sa krus alang sa atoa kay dali kayo ta makasala. Kung mangayo ka ug pasaylo sa Ginoo, hatagan ka niya ug gahum nga mudaug kontra imong mga sala. Mao ning makapalipay sa Ginoo.

Ang dili pagbuhat sa angay nga buhaton, SALA sad ni.

Naghatag ang Ginoo ug mga sugo ug mga tahas nga sundon nato alang sa atong kaayuhan. Aron mahimo kitang angayan tawgon nga iyang mga tawo. Makatabang usab kini sa uban. Kung dili nato sundon ang mga sugo sa Ginoo, makasala ta.

Pagdrawing ug imahe o litrato kung unsay gusto sa Ginoo nga buhaton nimo:

KINSA SI HESUS?

Nakasala kitang tanan, karon, unsa'y atong himoon? Ang sala ang makapahimulag sa atoa sa Ginoo.

Sa atong pagbati, usahay mahimulag kita sa Ginoo. Kinahanglan mupadayon gyud ta sa pagpangita sa Ginoo.

Nganong mahimulag man ta sa Ginoo?

Ang Ginoo nga Nagbuhat sa tanan, mibaklay uban kangAdan ug Eba sa tanaman.

Nakasala si Adan. Ang iyang sala ang nakapahimulag kaniya ug iyang mga kaliwat gikan sa Ginoo. **Si Adan ug Eba gisumpa ug nag inusara.**

Kinsa si Hesus?

Si Hesus ang anak sa Ginoo.

Si Hesus ang Emmanuel 'Diyos sa Kalibutan.'

Gipadala sa Ginoo si Hesus aron mahimong **"Manluluwas" Nahimong tawo si Hesus** aron luwason ang mga tao.

Si Hesus ang nahimong sakripisyo para sa atong mga sala. Namatay siya para sa atong mga sala, busa dili gyud angayan nga mamatay kita nga wala ang Ginoo. Wala lamang niya gihugasan ang atong mga sala, gikuha pa niya ang tanan nga sala, mga sala sa kaniadto ug bisan ang mga wala pa mahitabo ug nagpabilin siya sa atong kasing kasing aron makalikay ta sa pagpagpakasala.

Gidala ta ni Hesus balik sa Ginoo. Si Hesus ang 'Manluluwas' gihimo nga atong manluluwas ug nahimong sakripisyo.

UNSA ANG PAGHINULSOL?

Karong nakaamgo nata nga naa tay problema. Ang sala ang makabuwag sa atoa sa Ginoo.

Unsaon nato pag adto sa lugar kung asa ta gusto dalhon sa Ginoo?

Unsa'y problema?

Tungod sa mga sala ni Adan ug Eba, ang tanan gipanganak nabuwag sa Ginoo!

Unsa'y Solusyon?

Paghinulsol!

Ang pagbasol ug Paghinulsol dili parihas

Dili mahimo nga imo lang bati-on nga sad-an ka, o sayop ka. Kinahanglan ang pagbag-o aron dili ta magpadayon sa paghimo og sala. Kinahanglan ang paghinulsol.

MAKA DIOS NGA PAGSUBO- Ang paghinulsol muresulta sa paghimo ug solusyon sa sitwasyon.

Naa ba'y gusto ninyo hinulsulan?

Imo bang giampo kang Hesus nga musulod siya sa atong kasing kasing aron mahatagan ka ug bag-ong kinabuhi? Nahitabo ba ni nimo nga dili ka gusto makasala og gibuhat mo unsay sakto nga wala mo gipangutana ang Dios kung sakto ba sya or dili? Basin angayan nga mag-ampo ka sa Ginoo og mangayo ka og pasaylo? Sugdi ang bag-ong kinabuhi karon, karon dayon.

UNSA ANG KALUWASAN?

Kaluwasan – ang gahum nga muabot kung imong dawaton si Hesukrito nga magdala kanato sa Diyos, balik sa kung giunsa kita paghimo, ug sa langit kung kita mamatay.

Nganong kinahanglan nato ang Kaluwasan?

Ang Ginoo nga magbubuhat sa tanan, mibaklay uban kang Adan ug Eba sa tanaman.

Nakasala si Adan. Ang iyang sala ang nakabuwag sa iyaha ug tanan niyang kaliwat gikan sa Ginoo.

Unsa ang kaluwasan?

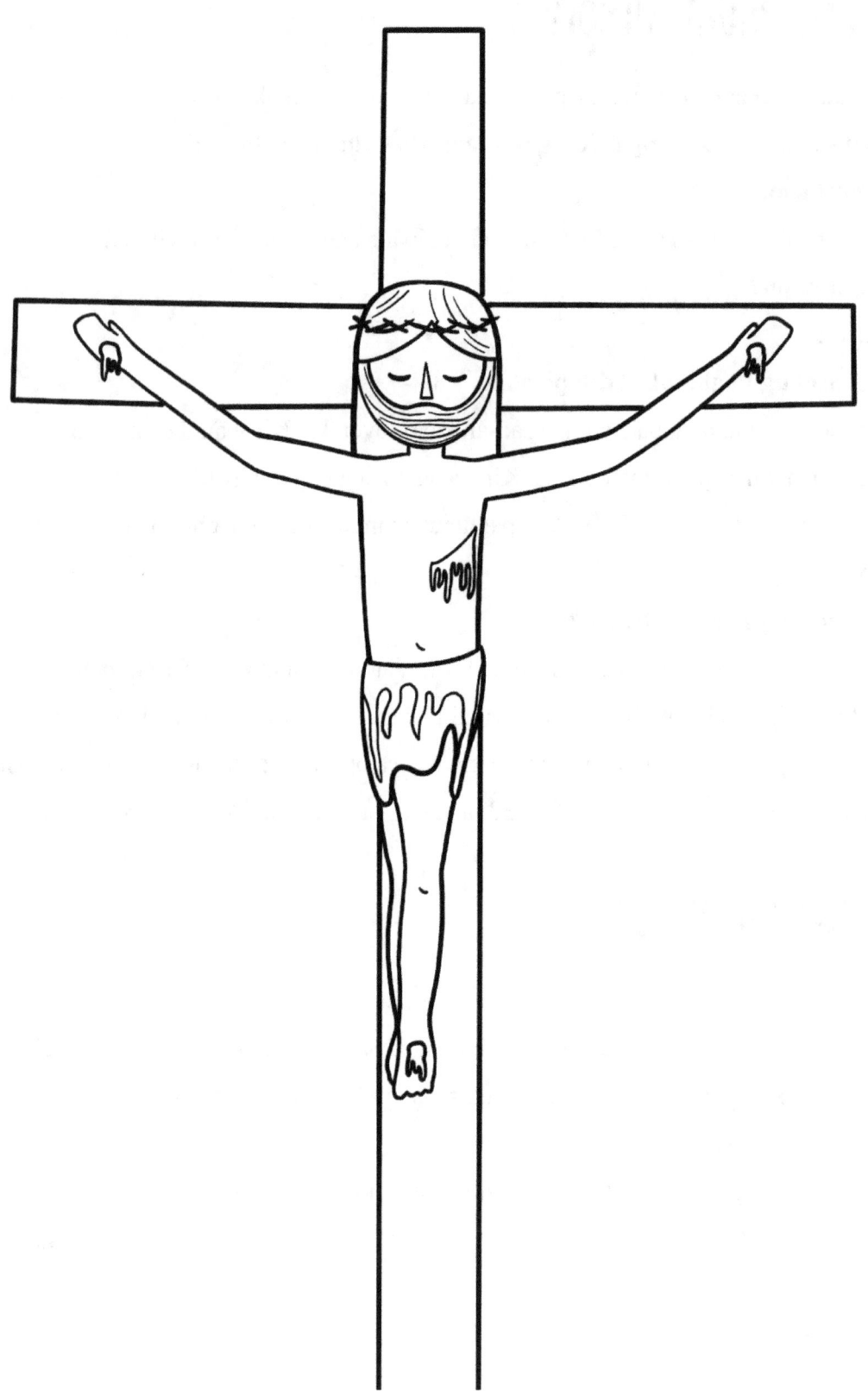

Nagpakamatay ang Ginoo para sa imong mga sala

Pangayo ug pasaylo. I-ampo nga mamahimo siya nga maghari sa imong kasingkasing.

Scripture memory: *Hatagan ko kamo ug bag-ong kasingkasing ug bag-ong espiritu. Ang gahi ninyo nga kasingkasing himuon kong matinumanon nga kasingkasing. Hatagan ko usab kamo sa akong Espiritu aron masunod ninyo pag-ayo ang akong mga tulumanon ug mga lagda.* Ezekiel 36:26-27

Kung Ihatag sa Ginoo ang imong mga pag-ampo, mao ni ang mahitabo:

UNSA ANG BUNYAG?

Bunyag ang tawag kung ilubog sa ilalum sa tubig ang tagasunod sa Ginoo, simbolo nga si Hesus nga namatay ug nabuhi ug bag-ong kinabuhi.

Sa Bunyag, muingon si Hesus kang Satanas, "Dili mo na sila makontrolKung mulubog sila sa tubig uban kanako, ang **tanan** nga imo nga anaa sa ilaha mawala na. Mukawas ka sa tubig uban ang bag-ong kinabuhi, mukawas ka nga **anak sa Ginoo.**

Ubani si Hesus sa Paglubog pinaagi sa pagbunyag:

- Gub-on ang DNA – (natural nga sala) ni Adan.

- Pulihan ang DNA – (Ang bag-ong kinaiyahan) ni Hesukristo.

Tungod sa pagbunyag dili na kita ulipon sa sala, mahimo na kitang ulipon sa pagkamatarong.

Gitagaan na ta ug tubag sa Ginoo.

KINSA ANG ESPIRTU SANTO?

Tulo ka persona ang atong Diyos, pero usa lang ka Ginoo. Ang Amahan, si Hesus nga iyang anak ug ang Espiritu Santo. Ang Espiritu Santo mao ang aktibo sa paghimo sa Kalibutan ug pagsulat sa Bibliya.

Ganahan ang Espiritu Santo mutudlo sa mga tawo mahitungod sa Ginoo. Iya kang amumahon kung magul-anon ka.

Ang Espiritu Santo ganahan mutabang kung mangayo pud ka ug tabang.

UNSA ANG BUNYAG SA ESPIRITU SANTO?

Pagkamatay ni Hesus, namatay siya sa sulod sa tulo ka adlaw, ug gibuhi siya sa iyang Amahan pag-usab. Ug nibalik siya sa langit uban sa iyang Amahan. Sa wala pa siya mibalik sa langit, nagpuyo siya sa kalibutan sa sulod sa 40 ka adlaw uban ang iyang mga tinun-an. Iyang gisaad ang Espiritu Santo nga mag-uban kanila aron dili na sila mag-inusara.

Pagkahuman na nihawa na si Hesus, Ang Espiritu Santo miuban sa mga tinun-an ni Hesus nga nagtapok mag-ampo ug gibunyagan Nya sila uban ang gahum og kaisug. Usa ka maayong panghitabo. Nagsugod sila ug pagpahibalo bahin kang Hesus sa mga sinultian nga wala gani nila sukad tun-i ug nagtabang sab sila pagpaayo sa mga masakiton.

Karon, dili na sila angay mahadlok o mag inusara tungod kay ang Espiritu Santo nagpuyo na sulod sa ilahang lawas para pirmi na sila mag-uban sa Ginoo. Ang saad sa Ginoo, alang usab kanimo! Mahimo ka nga Bautismohan sa Espiritu Santo kung imong pangayuon sa Ginoo.

UNSAY ATONG HIMOON ARON MALUWAS?

Pag-ampo:

Pinangga kong Hesus, kahibalo ko nga nakasala ako; Akong gipili ang mga sayop nga mga butang nga mahimo man unta nako ang mga maayo nga mga pamaagi. Naghinulsol ko sa akong mga sala; Gusto ko bag-uhon ang akong kinabuhi…. Karon. Pasaylua ko ug ibutang ang imong bag-ong kasingkasing ug bag-ong Espiritu Santo sa akoa. Palihug anhi ug puy-i ang akong kasing kasing hantud sa hantod. Hesus palihug pun-a akong kasingkasing sa imong gugma ug kaluoy para sa uban ug giyahi ako sa tanang adlaw sa akong kinabuhi. Amen.

Pangita ug simbahan nga nagtuo sa Bibliya ingon ang Pulong sa Ginoo. Pangita ug unsa ang mga sunod nga buhaton aron mahimong Kristyano, sunda si Hesus, Ilha ang Ginoo nga imong Hari, ug sunda ang iyang Espiritu Santo.

Unsaon nato ug amping ang usa ka maayong regalo?

- Hatagi ug maayong oras ang Ginoo ug uban nga mga mutuo sa Iyaha.
- Uban sa Kahayag
- Angkuna imong mga sala.
- Hatagi ug oras ang pagbasa sa Bibliya.
- Pag-ampo adlaw adlaw.

PAGHIMO UG MGA DISIPULO

Ang disipulo mao ang tawong musunod sa Maestro/Maestra.

Pagtawag ni Hesus sa iyang mga disipulo, miingon siya, Sunda ko ninyo ug ako kamong himoon nga mga maninikop ug tao," Matthew 4:19.

Gitudluan sila ni Hesus sa pagbuhat sa mga butang nga iyang gihimo, pag-ayo sa bisan unsang sakit, ipalayo ang Demonyo ug magsulti mahitungod sa Gingharian sa Langit. Sa wala pa siya mibalik sa Langit, Iyang giingnan ang iyang mga disipulo nga ingnon ang tibook kalibutan bahin sa maayong balita.

APAN, UNSAON NIMO PAGSUNOD ANG USA KA GINOO NGA DILI NIMO MAKITA?

Sunda ang Bibliya. Mao kini ang atong giya nga libro nga magtudlo kanato unsay maayo. Mao kini ang sulat sa Ginoo nato.

Sunda ang Espiritu Santo nga naghatag ug personal nga giya tungod kay siya anaa naman sa atong sulod nagpuyo.

Natural lang nga ikaw makadungog sa tingog sa Ginoo ug giyahan sa Espiritu Santo.

Gihugugma pag ayo sa GiInoo ang mga tawo, maong namatay si Hesus para sa atoa. Gusto niya nga magsulti usab ka sa mga tao ug himoon nimo silang disipulo ug musalig ug mutuo sa imong mga pulong.

Scripture Memory. "Busa adtoi ninyo ang mga katawhan sa tanan nga dapit. Ug himoa ninyo sila nga akong mga tinun-an. Baustismohi ninyo sila sa ngalan sa Amahan, Anak, ug Espiritu Santo.
Matthew 28:19, Mark 16:15-16.

SA TIUNAY MIDAWAT KA, SA TIUNAY NAGHATAG KA

Scripture Memory: Matthew 28:19 "Busa adtoi ninyo ang mga katawhan sa tanan nga dapit. Ug himoa ninyo sila nga akong mga tinun-an. Baustismohi ninyo sila sa ngalan sa Amahan, Anak, ug Espiritu Santo. Tudlui sila nga obserbahan ang tanang butang nga gisugo nako sa inyoha: ug, ania karon, ako nagauban kaninyo sa kanunay bisan sa katapusan sa kalibutan.

The Journey - Game Setup

YOU NEED:
- Number cards or Dice
- Bottle caps or other small objects - 1 per player

You can make it:

- Make 3 sets of cards, number them from 1-3. Or make paper dice - see pictures on opposite page.
- Place 1 small coin, bottle cap or other object on the start space – per player.

Object of the Game:

The first player to go from START to FINISH wins. You can only reach there by an exact count.

Game Play
On your turn a player must:
- Draw a card or roll the paper dice and move the amount of squares on the card
- If you reach the FINISH square and have too many moves you must move backward.
- Two or more players may stop on a square at the same time.

How to make Paper Dice:
1. Photocopy this page - there are two die here to let you practice.
2. Cut the die out along its outside border.
3. Fold the die along each of the six sides (along the lines).
4. With small pieces of clear tape, tape each edge to another edge. ...
5. Roll the die to see if it works, then play the game!!

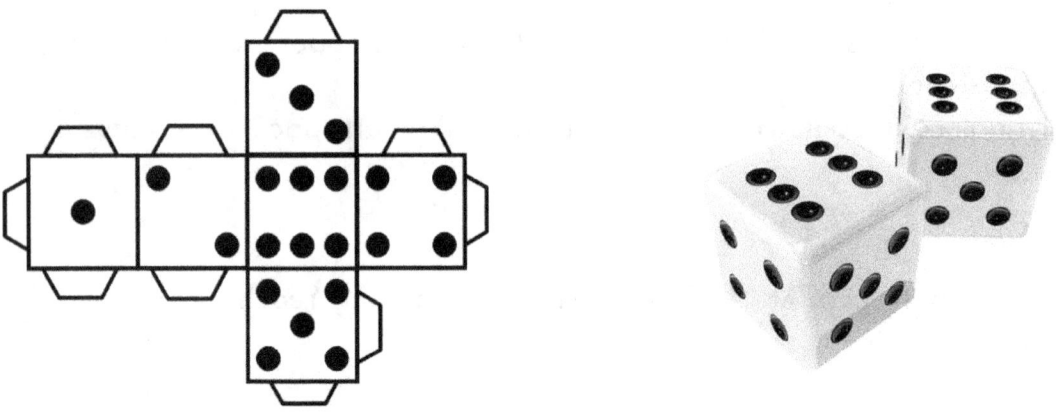

Make a copy of the cards and cur out 3 sets. Shuffle them and draw a card. Move the amount of spaces on the card.

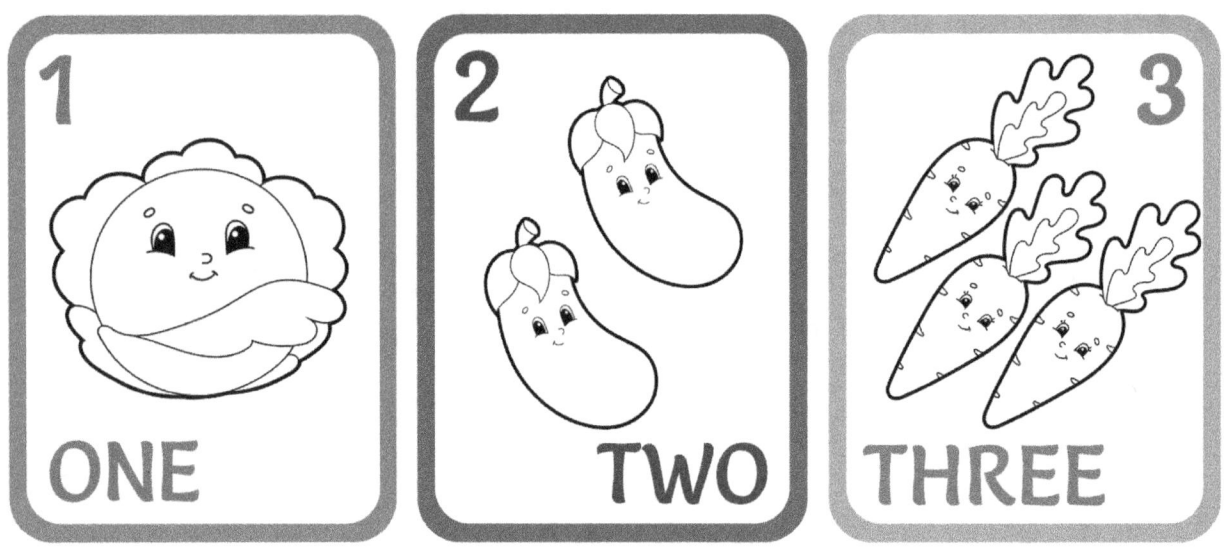